Gen
Edeb

Yayına Hazırlayan Mürşit Balabanlılar

Kapak Resmi Gürbüz Doğan Ekşioğlu
Kapak Tasarımı Mehmet Ulusel / Ayşe Topçu
Düzelti Okşan Özferendeci
Sayfa Düzeni Tipograf (0212) 249 01 01
Birinci Basım Ağustos 2002
ISBN 975-458-368-4
OTM 11021801
Basımevi Şefik Matbaası (0212) 551 55 87
İstanbul

TÜRKİYE İŞ BANKASI
Kültür Yayınları

sarkaç

Mehmet Zaman Saçlıoğlu

Şiir

Başak'a

İÇİNDEKİLER

Yıkandım
Koku sürdüm
Rüzgâr dinledim
Şarap içtim
Denize baktım
Hazırdım...

BİZ

Taşın suda kaymasıyız seninle
Güneşte tozmasıyız kumun
Bir rüzgârın döndürüp
Nerde neyse-k-almasıyız

Gece değiliz seninle
Koşmasıyız güne yıldızın
Tarih ve toprak gibi
Zamanın su içmesiyiz

Gemi değiliz yüzmesiyiz
Geminin uykularda, apansız
Benin boşluğa düşmesiyiz
Ve şaşıp kalmasıyız aklın

Seninle uzaklardan
Kuşların gelmesiyiz, bir gün
Ömrün durup yüzümüzde
Sonra göktaşı olmasıyız.

BİR TAPINAKTA GECELEMEK

Eski bir tapınağın güneşi
Yol göstericidir.

Taşları,
Ulaştıkları en uzağa diktiler.

Zaman,
Sunağın kan yolunda birikti.

Gece,
Ağır yükler getirir tapınakta kalanlara

Güçtür,
Eski bilgelerin toprağında uyanmak.

GÖLÜN ZAMANI

Saat, zamanın öyküsünü anlatırken
Zaman, saatin arka yüzünde akar.

Kim inanır ışık hızlı parçalarla
Yüklü bu yavaş ellerimiz.

Yüzümüzden bıkmaz mıydık
Değişmese yıldan yıla?

Ne güç alışması
İnsanın kendi boyuna.

Sevgi su gibidir aramızı yıkayan,
Birimizden akınca ötekinde kuruyan.

Akan sudan ayırdığım hırçın zaman,
Yazgın mıdır derin göllerde duran?

YOLCULUK

Bir tren ya da herhangi bir geçendi
Su kıyısından.
Ne uzakta
Yakın bir aşk arası dağları.
Yaşardı akan zamanı enine sanki
Pencere önünde,
Geniş yastıklarda oturmamız.

Zaman ayrı bir dünyadır
Rüzgârları olan.
Onda nehirler dağlarla aynı hızda.
Zaman, başka bir gökyüzü
Geçerken bizi yavaşlayan
Uzun bir tren gibi
Su kıyısından.

İLK NİŞANLI

Suları kirletmeden yıkanır
Çıplak uzanır yanımıza
Kızlığını son soluğa saklayan
Eski nişanlımızdır zaman.

Genç yıllarımızın alışkanlığıydı
İnce rüzgârlara tutunurdu çiçekler
Hangi yanağı okşasak ay ışığında
Elimizde uyuyan kediydi zaman.

Kıyılmayıp torunlara saklanan
Sararmış çeyizlerde soluklanır
Biliriz oradadır ararsak
Bizimle uğraşmadıkça zaman.

GİTMEK

Gitmek biraz eski giysi
Uçmuş kokular gibi gitmek
Aranıp da bulunmayan
Eski bir dost gibi gitmek.

Gitmek deyince mendiller
Ağlanmış, kiminde dudak izi
Katlanıp süs olmuş
Kırışık ve kirlenmiş öteki
Bir bavul mendille gitmek.

Eski bir duygu bendeki
Bilemem kimlerde kaldı
Gitmek desem bir omuz silkişi
Bir "bana ne" bakışı
Gelen ilk gemiyle gitmek.

Gitmenin kendisi eski
Kalmaktan kalıcı gitmek
İnsanın ilk göçü gibi
Ses ve kokuyla gitmek.

YAĞMURUN GÜNÜ

Yağmurun gününde susar annem
Duracağı zamanı gizleyen kalbim.

Derindir yaşlı sularda ışık
Yıkayınca aydınlanan yüzüm.

Eskimiş duaları yinelerken
Kendi ipliğini eğiren tanrı.

Anneleri bulut olan çocuklar
Yeraltında ararlar babalarını.

SIKINTI

Gökyüzü bakır renkli
Çarşılara döndüğünde
Büyür yatağın altındaki
Zamanın külü boşluk.

Çok geçmeden yaşlı Anka
Görünür karşı tepelerde.
Sonra demir asa, demir çarık
Kara düşün komşu ülkesi.
Yüreğimin uykuyu çağıran
İğde yapraklı sesi.

Konuğumdur Kafdağı'ndan gelen
İzleri selvi dalıyla silinen yazgı.
Ruhu aynı, yüzü hep değişen
O ve ben, gecenin ikiz çocukları.

KEDİ VE YAPRAK

Kar başlıyor işte!
Eski suların dönüşü...
Soluğu topluyor rüzgâr
Kedinin burnu havada
Titriyor ağaçtaki son yaprak.
Bir başkası doğuyor
Bıraktığı yerden ölenin.

Yeraltı suyu işte!
Süzülmek, durulmak, dinlenmek...
Hava durgun
Rüzgâr soluğun içinde
Uyuyor kedi, yerde yaprak
Çözülüyor ölü
Gözü doğacak olanda.

TUZAK

Bir yanları aydınlık
Karanlığı örten kapılar.
Üst üste biriken ölü zamanda
Aynada yer kalmaz bakacak.
Rüzgâr doğurgan göğü tutar.

Düşünceye götüren yokuş
Yürüyelim düşünceye dek
Düş delirmeyi durduran ece
Usun kayan kumları kendine tuzak
Çaresizlik başı bastıran öfke.

UNUTULAN

(Atila Ergür'ün anısına)

Yine açıldı rüzgârın kapısı
Önce kuşlar esti içeri
Havada unutulan kuşlar.

Mevsimler isim değiştirdi
Yeni karları topladı yaz
Kış çıplak kadınları.

Yatak odasının aynası
İlkin aşkı gösterdi
Sonra uzun bir kavgayı.

Kimse üzülmesin artık
Bütün şarkıları bilir ölüler
Unutulan bütün şarkıları.

SÖYLEYİN

Kaya dibi, rüzgâr yosunu
Sizinle doğmuştum aynı gün
Adım bir çalgı gibi boş
Sözsüz bir yankıdır sesim.

Çöl kumu, kemik artığı
Sizden kuru dudağım
Yüzüm bir yıldızdan gelir
İlk durağıyım en uzağın.

Kuştaki dal, daldaki nehir
Umut nerde geceler söyleyin
Kokunun belleği güz, göster
Hangi çekirgede gençliğim.

AYRILMAK

Dal gibi kırılan bir sesti kurak
Tahta merdivenden yuvarlandı ceviz

Bu sert anı kalın bir denkte kalsın
Yağmurdu anımsarım, seldi de, yine çorak.

Öpüşürken yalnızlık ne acı ne uzak
Dudak ve sessizlik, sessizlik ve kulak.

Nasıl söz bu çelik, içinde su tutsak
Mühürmüş bulduğum meğermiş tuzak

Uçurtmam uzaklaşır düğümleri açtıkça
Her ölüm geldiğinde pekişiyor bir uyak.

AĞACIN SESİ

Rüzgârla gider ağacın sesi uzağa
Ceylanın sıçrama ruhudur gecenin sonu
Suyun adı tarihin en büyülü masalıdır
Kuş, kanatlarına borçludur dünyayı.

Annem insanları böyle doğurdu.
Ağaç kabuğunun eski soğuğudur babam
Düşleyince uyanmayı, yüzer
Nehirlerin ağır taşları.

Toprağın tohumudur ölüler
Kutsal ışıklarından
Gölgeler gökyüzüne vurur.

En iyi ağaç duyar, ağacın sesini
Ceylan her sabah geceden
Geri alır kendini.

GEZGİN

Çocuktum, tanıdığım üç kişi vardı
Biri sucuydu su taşırdı
Biri balıkçıydı onu da su taşırdı.

Gençtim, üç kişi daha tanıdım
Birinin avucunda ateş vardı okşardı
Biri benim ateşimle yaşardı

Yaşlandım üç kişiyi yolcu ettim
Biri üflediğim tüy çiçek oldu
Biri el salladığım yıldız

Bana göçebe yastığım kaldı.

KAHRAMANIN AYNASI

Gerindi adam, kendine
Âşık oldu o büyük aynada
Övgülerle kanatlıydı kahraman.

Anlamadı ne zaman
Kadınsı seslerle kırıldı
Kendi erkek aynası.

Koptu kanadı, soldu
Yaldız nişan, uzaklaşır
Toprakta şaşkın yüzü.

İNSAN UÇURTMASI

Üç dinin üç kara cüppelisi
Örtüyor Tanrının güleç yüzünü
Daha sayıları öğrenirken çocuk.

Eski öğütler önümüzde
Dinlerden yaşlı sırtımızdaki dua
Bilim, büyüyen güçtür elimizde.

Uydurmadır, insan uçurtmasıdır ölüm
Gizini söküp aynayı cam yapma işini
Sürdürür başkası koparsak yerden.

Baba labirent örer
Oğul kanatlanır bir gün
Tanrı da kurtulur dinlerden.

ADEM

İlk ölen insan Habil'di
Ölümü bilmeyen tek insandı O
Ne varsa tanıdığımız bugüne dek
O ilk ölümle başladı.

İlk var olan insan Âdem'di
Bilinmeyen insandı O
Ne varsa tanımadığımız dünyada
O'nun oluşundan önceydi.

Havva'nın tek erkeğiydi Âdem
Bilmedi çocukların babasıdır
Başka kadın yoktu ki seçsin
Sevgiyi duymayan ilk insandı O.

Tanrının eli bir O'na değdi
Ama Âdem Tanrıyı bilemedi
Kutsal sorumsuzluğun kurbanı
Ön yazgımız, babamızdı O.

Yalnızdı Âdem, Havva gibiydi
Tanrının koca taş bebekleri
Onlardan kalmadır sanki gözümüz
Kendimizi görürüz baksak da başkasına.

KARANFİL İÇİN

Yaşama benziyor bu karanfil
Akların ucu al
Al, kimi zaman aşk
Kan, kimi zaman.

Yaşama benziyor bu karanfil
Altı yeşil alların
Yeşil, kimi zaman aşk
Can, yeşil her zaman.

SÜREYYA

(Cemal Süreya'nın anısına)

Şiir, yaşamı daha çok sevdiğinden
Geri geldi kiminle gittiyse ölümden.

Sunduğu sözcükleri yazsak da dizelere
Anlamayız o sonsuz dili bilmediğimizden.

Ölüm, sevdirmek ister gibi kendini bize
Sevdiğimizin gözüyle bakıyor yüzümüze.

FİZİKÇİLER İÇİN ŞİİRLER

Newton'a
O elma, cinselliği Âdem'in
Bu yüzden güçlü yerçekimi
Daha yakındık Tanrıya
El ilanlarından önce
Peygamberlerin.

Einstein'a
Bu sabah yüzüme
Dudak izimi taşıdı ilk ışık
Geceyi öperken camda kalan.

Feza Gürsey'e
I
Dördü de zamanda yatar Tanrının beş sureti
Biri eyler zamanı ki ondan alır kuvveti.
II
Bir denizinde bin yunus yüzer dervişin
Su hem bir eder hem ayırır onları.

EKİN

(Kızım Ekin'e)

Işık, her yerde ışık
Önünde gecenin, arkasında
Düşün içinde beşik.

Eşyanın dil eşiği
Ruhun örtüsü renk
Gülünce yüzünün pembeliği...

Yer, martı tüyü kuşbakışı
Su, solungaç, pul, balıkgözü
Gök, aklın ilk tohumu,
sonsuz yazı.

İZ

(Melih Cevdet Anday'a)

Sözünü rüzgâra bırakan yıldız
Sabaha dönen gece deniz.

Bulutu ışıkla üfleyen yıldız
Sabaha dönen geceden iz.

Tarih toprağın uykulu sabrı
Sabaha dönen gecedeniz.

Düşünce insanın söz örgüsü
Usun kanatlandığı gündüz.

TÜY RENK

(Rasin Arsebük'e)

Resmi kendisiyle yap
Boya/sız içeriden
Çiz ki bitmez çizgiler
Bilinmezin sınırları.

İçeriler çokça renkli
Dışarısı gri/fon
Kaçarsın, dur dışavurum.

Beyazlardan alma
Rengi kirlenir
Sessiz duygulardan
Süzülsün her son.

Renk var tüy gram,
Renk var taş ton.

KEDİ VE MÜZİK

(Sema Akdoğan'ın anısına)

Yüzlerce kedi Vivaldi'nin kışında
Gölgeye boyayarak gecenin karını
Koşuyorlar, izleri kapanmadan
Yetişmeli yazgının ardındaki keman.

Bulutlarda fal bakıyor büyücü Ay
Kedisi birazdan yatacak bir kapının önüne
Bach, gökyüzünün klavsenini çalacak
Sabah yaslı insanlar doluşacak eve.

Gösteriyor Mousorgsky sevgisiz
ölen kedilerin iskeletlerini
Duyuruyor tekir ruhlarının aşk seslerini
Bir gecelik istiyorlar okşanmak için
Çıplak dağda düşsel sahiplerinin ellerini.

Mozart uçuruyor meyveleri gökyüzüne
Damlarda gergin kediler, keman ve arşe
Kemikleri flüt havadaki kuşların
Açıyor orkestra tarihin kapısını
Konçertolarla genişliyor dünya.

BACH'IN 3 NUMARALI RE MAJÖR ORKESTRA SUİTİ İÇİN

(Tului Sönmez'in anısına)

Kemanlar usta ellerde
Usta eller iyi duygularda
İyi duyguları dokuyan şeytan
Bir notadan bir başkasına.

Haydi tüm çalgılar
İlk yazın coşkusu...

Bir ağacın altında
İki kız öpüşüyor
İki oğlan çocuğu
Elleri ince dallarda.

Keman, eller, ilkyaz
Yaşam, oyunun öptüğü ağız.

Otların arasından geçiyor dağ suları
Atlılar geliyor yıkanmaya
Gecenin şarabını,
Kadın kokusunu atmaya.

YAZ BOYUNCA AYRI KALINAN DOSTLARA

Birer yıldız seçin kendinize
Yaz sonrası günlerimizin müjdecisi
Böyle geceyi her zaman bulamayız
Işığı yakın ısısı uzak dostlar.

Şu da benim yıldızım
Saklayıp da ad veremediğim
Ara sıra bir göz atın ne olur
Habersiz ölüp gitmeyeyim.

GİTMESİN

Her gün daha benziyorum kendime
Yüzüm her gün bir başkası
Kalbimde bin ülkenin kıyısı
Soluğum dağ rüzgârında.

Yolu uzun sanırdım
Ondan bindim atlara
Bilseydim hepsi birkaç tepe
Kaplumbağayla giderdim.

Yayıldı elim ayağım
Kulağıma ses gerek
Yağmurlar için uzuyor kaşım
Koşabilsem geri koşardım.

Açamam, avcumda ısım
Çocukluğum, düşüm
Gözümü yumdum
Yol bir çember olsun
Geçmiş önüme gelsin.

YAZ SEVDASI

Güzel günlerimiz vardı
Denizin ve yazın getirdiği
Aşk rengini senden aldı
Bizimle canlıydı dünya.

Bahçe bendim hüzünlü yaz
Sen bir yasemin kapı önünde
Kokun senden bana, benden sana
Açık kapıyla birlikte.

Her yaz bitiminde rüzgâr
Sevgi gidince çağırır soğukları
Bahçeleri uzun kışlarda koruyan
Senin kokundur yasemin.

ÇOCUKLARDAN

I
Arka sokakta bir köpek ailesi var anne
Sen, ben ve babam gibi.

II
Siz büyük olduğunuz halde birlikte yatıyorsunuz
Ben hem çocuğum hem de yalnızım.

III
Göğün suyu nereden geliyor anne?

IV
Anneciğim bu gece hangi ruyaları
Koyacaksın yastığımın altına?

V
Ölüler mezarlıkta yaşıyorlar değil mi anne?

KUŞ EVLERİ

Kuş evleri olmalı evlerin dış duvarları
Kanatlanmalı çocuklar gülüşünce.
Dış evleri kış olsa da duvarın
İç evinde yaz güneşi doğmalı
Kuşları da ısıtır mutluluk.

Çocuk odalarını geceye hazırlarken
Düş kanadı koymalı kuş tüyünün altına
Uyuyunca çocuklar perdeleri açmalı
Sokağı da aydınlatır yüzlerdeki ışık.

Gündüzleri gülebilen çocuklar
Geçeleri kuş anneleriyle uçar
Evlerin duvarları kuş evleri olmalı.

ONALTI YAŞINDA UYANMAK

Saçı sabaha değen delikanlı
Rüzgâr dolu yastıkta başı
Deniz dalgalı ıslak yorgan.

Direk dayansa da kasırgaya
Yırtılır gergin atlaslar
Flok, pruva, mizana.

Çatırdar uykunun gövdesi
Bitkin gemici girerken
İlk ışıklarla limana.

LODOS

Son parçasını giysimin
Al, gökyüzüne savur
Akıl ışık gibidir çıplak
Ardından gelen yağmur.

Denizin hırçın çocuğu
Köpüklü atlarınla gel
Önümde dur! Uzak
adadan gelen şişeyi
taşlara vur! Hazır ruhum
yanıtlamaya mektupları.

Ey iki anneli yaratık
Suskunların soluğu
Denizin yıkadığı lodos
Toprağın kuruttuğu
Getir bütün kıyılarını
Göğsümde uyu.

KIZOĞLANKIZ

İçli bakışımın sarhoşu
Gülüşümün hoppasıyım
Elimdeki kızoğlankız
Eski kokularımdan hanımeli.

Nehir gecelerimin kamış şarkısı
Kendi yatırır rüzgârını
Tanrıların elinden çıkma çalgımız
Bende gerili hepinizin tamtamı
Ellerimin biçimi söyler
Geceydi insanın yaratıldığı.

Lanet olsun dedi Lazarus
Değil İsa, Tanrı gelse dirilmem artık.

Adım atışlarımın erkeği
Bekçisiyim yaşlı giysimin
Yaklaşıyor omuz duruşumun
Yazgı bilmez çingenesi.

A VE B

Bağla bir bir
Başlayarak en baştan
Birbirine birleştir
Bir iki üç... beş
Bin oldu bırak
Ben oldu bırak
Çok geldi düğümler
Dalmaya gelmez bir an.
Şimdi dön başa, aç
On... üç iki bir
Aç bak herkes açıyor
Açık seçik ne varsa
Açamazsan, arala
Artık unuttun acıları
Ağlamayı, aramayı aşkı
Sen unuttun açlığı da.

Ama yeter bu unutkanlık
Çok yorucu, çok olucu
Ya A'yı seç bilelim
Ya B ol sonuna dek.

SEVGİLİ

Yaz yağmuru gibi gördüm seni
Elini yastığımın altında gördüm
Gözlerin ilk evimin penceresiydi
Seni kucaklayınca kendimi gördüm
Yalnız çocuğuydum ıssız sokağın.

Kendi avcunda gördüm seni
Toprağı anımsatan avcunda
Nehirleri akıtan avcunda
Dudağında gezinen ışıktan damla
Taşıdı denizleri dudağıma.

Köprü başında gördüm seni
Geri dönsem kavga gürültü
Altımdaki nehir sel
Tuttum ellerini ürkek
Bilmediğim yere yürüdüm.

GELİRİM

Pencerenin dışı, göğün yüzü
Teninin buğusu benim
Perdeni bir sabah açmasan
Duvarından girerim.

Sana kulağından girerim
Gözünden, parmağından
Yüreğinin ucunda evim çünkü
Aklındaki okyanusta gemim.

Açmaya gör gözünü
Gördüklerin olurum
Nereye baksan oradan
Göremezsin gidişimi
Giderken de gelirim.

İKİ BEN

Onlar aynı giysinin
iki sahibiydiler
Biri yüksek dağın üstünde
Biri deniz çukurunda
O giysiyi aynı anda giyerdiler.

Onlarla bir zamanda tanıştım
İki kişi oldum da tanıştım
Beni aynı anda evlerine götürdüler.

Sevdim onları, çok sevdim
Onlar da beni sevdiler
Pay ettiler bir bana
bir sana, tükettiler.

Aynı giysinin içindeydiler
İkisini de bir soydum
Aynı anda seviştim iki yerde
Bir fagot oldu ağzım boşluğu çaldı
Çalınca kuş oldu bedenim
Kendi kanadımın peşinden gittim.

Saçıldı tohumlarım onlar buldu
İkisi birden doğurdu
Ses/le bakış/tı çocuklarım
Bana bıraktılar
Aynı anda gittiler.

DÖNÜYOR

(Fazıl Hüsnü Dağlarca'ya)

Sayıyor, sayıyorum ağaçları
Ben sayarken kurumaz mı birkaçı
Kuruyor, kuruyorum saatleri
Ben kurarken duranları oluyor.

Duruyor, duruyorum yerleri
Ben dururken gelenleri gidiyor
Gidiyor, gidiyorum yıldızları
Ben giderken binlercesi kayıyor.

Kayıyorum, kayıyorum bir dili
Ben kayarken sözcükleri düşüyor
Düşenleri peşim sıra bir şiir
Sırasızlar sözlüklerde kalıyor.

Öz olunca sözüm sese dönüyor
Ses olunca beni anlıyor kuşlar
O zaman düşüncem sonsuzca kanat
Dönüyorum, dönüyor, dönüyorum.

YAKAMOZ

Yaşlılık evim uzanan bir sokağı görse
Elimde bir tas su, suda sessiz bir soluk
Ne yola girene baksam ne çıkana yoldan
Kalsa gözüm güvercinin gümüşünde.

Yaşlılık evim telaşlı bir limanı görse
Elimde gençliği bulan derin bir dürbün
Ne demir atana baksam ne demir alana
Işık, en uzak yelkenlinin güvertesinde.

Yaşlılık evim bekleyen bir ovayı görse
Musa olsam vursa kendime asam
Yarılsa göğsüm kırka, kırk yetmişe bölünse
Ay gibi, her göze ayrı yakamozla kavuşsam.

NE KALDI

Esti su ve sur eskidi, sûr kaldı
Dün bitti, yarın durdu, bugün kaldı.

Seven gitti, sevmeyen daha gitti
Doğru gitti, yanlış gitti, aşk kaldı.
Bir gül vardı, rengi kokusu gitti
Bin şiiri solduran ismi kaldı.

Üzüm gitti, şarap gitti, câm kaldı
Yaprağı gökte tutan bakış kaldı.
İki soluk geçti Zaman içinden
Ancak biri Tanrıyla tanış kaldı.

GİDEN SEN

Adını koy bir yana uzaklaş...
Ne kaldı sana elinden başka?
Şimdi tut bir ağacı, okşa.

Bak, bulut onca yüksekten
Dala fısıldıyor yağmuru.
Çek elini, gözünle dinle.

At işini bir yana suya gir...
Nehir senin içinde, zaman sensin
Unut gözünü, ten ol, akarsın...

Bırak karga anlatsın seni
Bülbülle aynı sestir duyacağın
Sen aslında sarmal bir deniz kulağısın.

Sevdin mi bu işi? İyi,
Üfle gitsin o zaman elindeki.
Giden, sana geri gelendir belki,
Unutunca anımsarsın.

SARKAÇ

Can simidi, kurtarma sandalı
kaldı karada
Ekmek, su, gemimin ömrüyle
çıkmıştım yola.

Denizin gezen düşüncesi rüzgâr
yaşlı bir el gibi sırtımı sıvazlar
Dalgalar sanki zaman;
bir bırakır, bir tutar.

Karadan değil, martıdan
ayrılınca anladım denizi.
Her limanda bir korsanın mührü
Her kalede çocukluğum gizli.

Güçlü solukların açığa attığı gençlik
Kıyıda kalan ten, kırışık kum
Bir karışta nem, su bir kulaçta
Ben, yandıkça alevi büyüyen mum.

Bundan böyle gemim, yolu sen seç.
Yokmuş umduğum hiçbir ülkede
Nereye gitsem sığ, akıllar gelgeç
İçimde bir adayı gösterir *Sarkaç*.